D1986698

HAPPY BIRTHDAY

GUINNESS WORLD RECORDS

DAS BUCH ZUM 60. JUBILÄUM

Inhaltsverzeichnis

OFFICIALLY AMAZING

» Wann immer Menschen zusammenkommen, um miteinander zu reden, werden sie auch streiten, und manchmal liegt genau darin das Vergnügen, das verloren ginge, wenn es immer auf alles direkt eine Antwort gäbe. In der Regel jedoch wird über Fakten gestritten, und da ist es oft zum Verzweifeln, wenn es keine unmittelbare Möglichkeit gibt, den Streit zu schlichten. Wer hat als Erster den Ärmelkanal durchschwommen? Wo befindet sich der tiefste Brunnen Englands oder der höchste Baum Schottlands oder die älteste Kirche Irlands? Wie viele Menschen starben beim schlimmsten Zugunglück aller Zeiten? Wer gewann die größte Mehrheit im Parlament? Wo ist der höchste Punkt unseres Landes? Was ist das schwerste Gewicht, das jemals von einem Menschen gehoben wurde? Und so weiter. Wie viel Hitzköpfigkeit doch bei derlei Fragen aufkommen kann! Dieses Buch wird hoffentlich helfen, viele solcher Fragen zu klären, und kann, so hoffen wir von Guinness, aus Hitze Licht machen. «

Earl of Iveagh KG, CB, CMG,
Vorstandsvorsitzender der Arthur Guinness Son & Co. Ltd.

Vorwort zur ersten Ausgabe des
Guinness Book of Records von 1955

Einleitung
von Craig Glenday

Das *Guinness World Records*-Buch ist aus einem Streit hervorgegangen. Zu Beginn der fünfziger Jahre diskutierte Sir Hugh Beaver während eines Jagdausflugs in der irischen Grafschaft Wexford mit seinen Jagdgenossen darüber, welcher wohl der schnellste europäische Jagdvogel sei. Da er kein Nachschlagewerk fand, das den Streit hätte schlichten können, gab Sir Hugh, Geschäftsführer der Guinness-Brauerei, bei den Journalisten (und Zwillingen) Ross und Norris McWhirter, Eigentümer einer auf Zahlen und Fakten spezialisierten Agentur, eine Sammlung von Rekorden in Auftrag. Die Akribie, mit der die Zwillinge Weltrekorde ermittelten und überprüften, prägte nicht nur das erste Buch, sondern ist der Sammlung bis zum heutigen Tag erhalten geblieben.

Sir Hughs Beweggründe waren jedoch nicht ganz so uneigennützig, wie es zunächst erscheinen mag. Als Pionier in Sachen Marketing bot er das Buch einem Großteil der etwa 81400 Pubs in Großbritannien und Irland umsonst an, um den Umsatz seines geliebten Stouts anzukurbeln. Der kleine grüne Band war zunächst nur als einmaliges Werbegeschenk gedacht, erwies sich jedoch augenblicklich als Erfolg und wuchs schnell über sein vorgesehenes Schicksal in den Bars und Pubs des Landes hinaus.

Heute, 60 Jahre später, ist *Guinness World Records* rund um den Globus vertreten, und zwar nicht nur in Buchform. Mit über 130 Millionen verkauften Exemplaren in mehr als 25 Sprachen ist das Buch **das meistverkaufte Jahrbuch** der Welt. Inzwischen sind wir zudem stolz auf unsere Fernsehsendungen, interaktiven Museen und Liveshows sowie unsere allgemeine Präsenz in den Medien und im Internet. Unser internationales Team von Rekordrichtern und -verwaltern bearbeitet jede

Woche mehr als 1000 Rekordanmeldungen aus aller Welt. Den strengen Maßstäben der McWhirter-Zwillinge entsprechend, erhalten nur die allerbesten Rekordversuche den *Guinness World Records*-Titel. Unser Hauptanliegen ist dabei nach wie vor, inspirierend, fesselnd und unterhaltsam zu sein.

Das Buch, das Sie nun in den Händen halten, vereint die 60 bemerkenswertesten Rekorde, die offiziell von *Guinness World Records* anerkannt wurden, einen für jedes Jahr seit unseren Anfängen. Viele davon sind historische Meilensteine, Ereignisse oder Erfindungen, die die Welt verändert haben. Andere gehören einfach zu den Favoriten unserer Fans – beliebte Rekorde, die mittlerweile für *Guinness World Records* stehen. Die Auswahl dieser Meilensteine war ein schwieriges Unterfangen, schließlich besteht unsere Datenbank aus über 40000 großartigen Einträgen. Wir glauben jedoch, dass die hier aufgeführten 60 Rekorde die Vielfalt und Besonderheit der Geschichte von *Guinness World Records* einfangen.

Als Chefredakteur bin ich überzeugt davon, dass *Guinness World Records* es genau durch diese Vielfalt ins 21. Jahrhundert geschafft hat. Wir sind stets darum bemüht, uns weiterzuentwickeln und so den stetigen Wandel unserer Gesellschaft widerzuspiegeln. Die Geschichte von *Guinness World Records* ist die Geschichte des menschlichen Strebens nach immer größeren und besseren Errungenschaften, nach dem Erreichen selbst gesteckter Ziele, egal wie klein oder groß sie auch sein mögen.

Ich hoffe, Sie finden Gefallen an dieser Jubiläumssammlung, habe aber auch Verständnis, falls sie die Rekordauswahl betreffend nicht immer meiner Meinung sind. Gegen eine gute Diskussion haben wir von *Guinness World Records* schließlich nichts einzuwenden! Wie der Earl of Iveagh in seinem Vorwort zum ersten Buch (wiedergegeben auf Seite 5) schrieb, so ist es unsere Aufgabe, aus der Hitze des Streits das Licht des Wissens zu machen, und dies gilt heute ebenso wie vor 60 Jahren.

Craig Glenday
Chefredakteur,
Guinness World Records

Die 19

50er

1954

Erste Meile unter 4 Minuten

Am 6. Mai läuft Roger Bannister (GB) an der Iffley Road in Oxford eine Rekordzeit von 3:59,4 Minuten. Stadionsprecher ist damals Norris McWhirter (ganz links), der nur vier Monate später mit seinem Bruder Ross den Auftrag erhält, die erste Ausgabe des *Guinness Book of Records* zu schreiben. Bannister hat seinen Rekord also gerade rechtzeitig aufgestellt, um in den Eröffnungsband aufgenommen zu werden.

1955

Solokünstler mit den meisten Nr.-1-Singles

Elvis Presley bringt »I Forgot to Remember to Forget« heraus und führt damit zum ersten Mal die Charts an. Es wird der erste von insgesamt 18 Nr.-1-Titeln in den USA und 20 in Großbritannien. Mit einem Hit nach dem anderen wird Elvis schnell weltweit bekannt, und schon 1956 nennt man ihn den »King of Rock'n'Roll«.

Der in Memphis, Tennessee, aufgewachsene Star sichert sich noch so manch anderen (bisher ungebrochenen) Weltrekord, darunter die **meisten Auszeichnungen der RIAA** (262), die **meisten Platin-Auszeichnungen der RIAA** (82), der **Solokünstler mit den meisten Einträgen in den Hot 100** (108), die **meisten Wochen auf Platz 1 der US-amerikanischen Single-Charts** (80 Wochen) und die **meisten Nr.-1-Alben in den US-amerikanischen Album-Charts (Männer)**.

Selbst nach seinem Tod bricht Elvis weiterhin Rekorde: 1997, in seinem 20. Todesjahr, ist *Elvis – The Concert* die **erste Live-Tour eines verstorbenen Künstlers** und bringt den King virtuell zurück auf die Bühne.

1956

Erstes Flugzeug schneller als 1000 mph

Nach einigen geglückten Versuchen, die die Bodenkameras leider nicht einfingen, wird die britische *Fairey Delta 2* (*FD2*) bei ihrem achten Anlauf mit rasanten 1811 km/h (1132 mph) gefilmt. Der von Peter Twiss (GB) durchgeführte Überschallflug macht die *FD2* zudem zum schnellsten Luftfahrzeug der Welt, und diesen Rekord wird sie über ein Jahr lang halten.

Ihre innovativen Deltaflügel finden später auch beim Bau des Überschallpassagierflugzeugs *Concorde* Verwendung, die ebenfalls einen Geschwindigkeitsrekord aufstellt (siehe S. 89).

1957

Ältester Formel-1-Weltmeister

Am 4. August gewinnt El Chueco alias Juan Manuel Fangio (Argentinien) im Alter von 46 Jahren und 41 Tagen seine letzte Formel-1-Weltmeisterschaft. Mit insgesamt fünf Siegen gehört er zu den erfolgreichsten Rennfahrern in der Geschichte der Formel 1 – nur übertroffen durch Michael Schumacher (D), der zwischen 1994 und 2004 sieben Mal Weltmeister wurde.

1958

Meiste Tore in einer Fußball-WM

Beim Kampf um den 3. Platz schießt Just Fontaine (F) in dem niederschmetternden 6:3-Spiel gegen Deutschland vier Tore für sein Heimatland, womit er es in diesem Turnier auf insgesamt 13 Tore bringt. Kein anderer Spieler hat in einer WM jemals mehr geschafft.

NRDC
HOVERCRAFT

1959

Erste öffentliche Hovercraft-Fahrt

Vor der Hafenstadt Cowes auf der Insel Isle of Wight (GB) findet am 11. Juni die Jungfernfahrt eines lebensgroßen Luftkissenbootes statt. Das Fahrzeug wurde von dem britischen Ingenieur Sir Christopher Cockerell konstruiert und erreicht eine Geschwindigkeit von 68 Knoten (126 km/h).

Es ist kaum vorstellbar, dass das Modell dieses bahnbrechenden neuen Fortbewegungsmittels aus einer leeren Katzenfutterdose, einer Kaffeebüchse, einer Küchenwaage und einem blasenden Staubsauger auf dem matschigen Werftboden seines Erfinders entstand.

Die Idee eines Luftkissenfahrzeugs war zu diesem Zeitpunkt zwar nicht neu, doch Cockerell war der Erste, der das zum Schweben auf dem Wasser notwendige Luftpolster erfolgreich integrierte und aus der Idee ein realisierbares Transportmittel machte.

Die 19

60er

1960

Tiefste bemannte Tauchfahrt

Jacques Piccard (CH; hinten) und Donald Walsh (USA; vorne) manövrieren den in der Schweiz gebauten Bathyskaphen *Trieste*, ein spezielles U-Boot der US Navy mit druckfester Tauchkugel für die Besatzung, am 23. Januar auf eine Tiefe von 10 911 m. Sie begeben sich in das sogenannte Challengertief, ein Meerestief im Marianengraben, das sich etwa 400 km südwestlich der Insel Guam im Pazifischen Ozean befindet und die **tiefste Stelle der Weltmeere** ist.

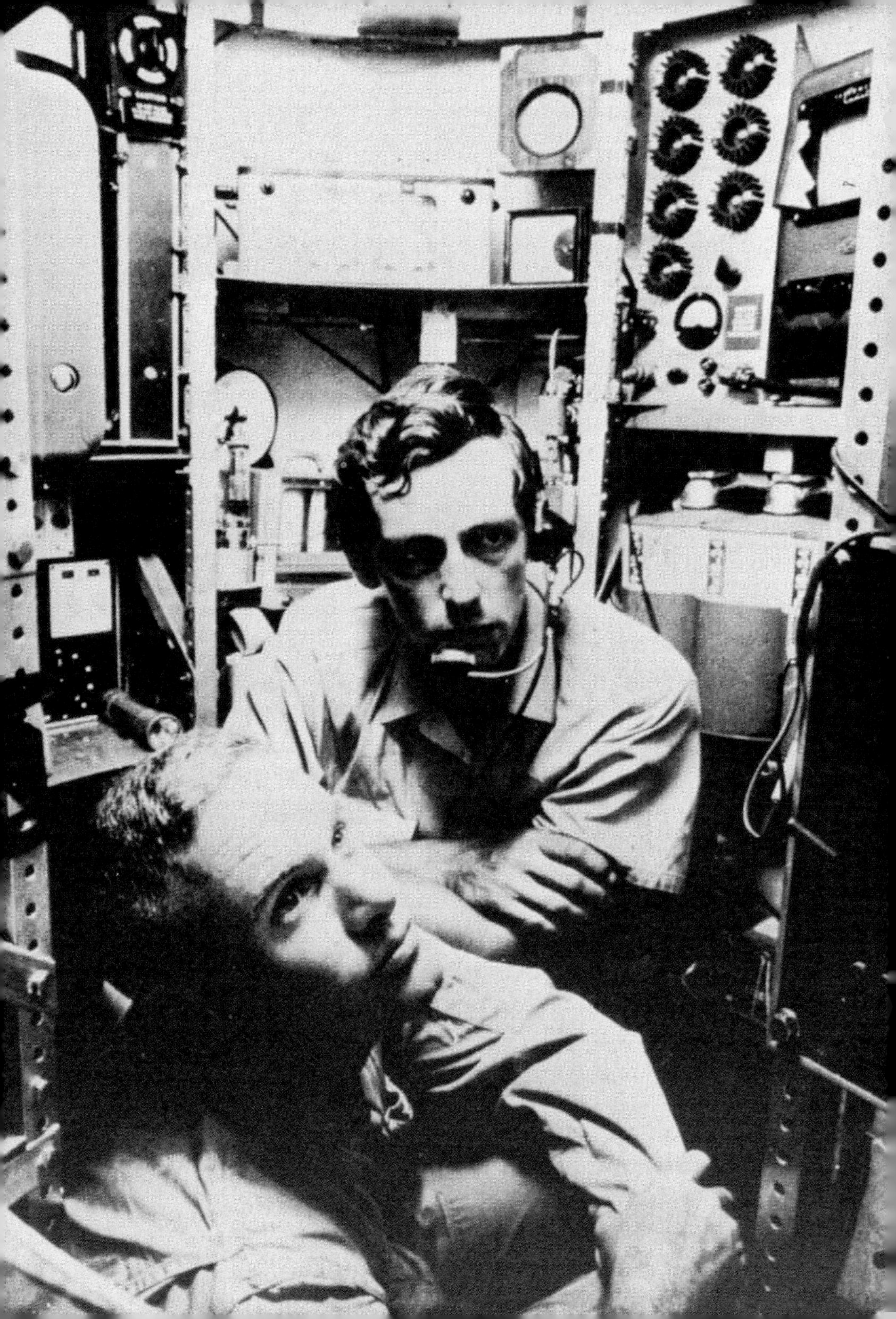

1961

Erster Mensch im All

Am 12. April wird der sowjetische Kosmonaut Yuri Gagarin der **erste Mensch im All**. Er hebt um 6:07 Uhr GMT in der *Wostok 1* vom Weltraumbahnhof Baikonur in Kasachstan ab und landet 115 Minuten später in der Nähe des russischen Dorfes Smelowka, nachdem er das Raumschiff per Schleudersitz verlassen hat. Auf seiner Mission umrundet Gagarin einmal die Erde und erreicht Geschwindigkeiten von bis zu 27 400 km/h.

Zwei Schulmädchen erleben den Schock ihres Lebens, als sie die Kapsel zu Boden stürzen sehen. Sie berichten von einem »riesigen Ball, etwa zwei bis drei Meter groß. Er fiel herunter, prallte vom Boden ab und fiel noch einmal. Wo er das erste Mal aufkam, war ein riesiges Loch in der Erde.«

Zwei Jahre später umkreist die ebenfalls sowjetische Walentina Tereschkowa in der *Wostok 6* die Erde und wird die **erste Frau im All**.

Erster Schauspieler, der mit einer Filmrolle 1 Million Dollar verdient

Für seine Hauptrolle als Fletcher Christian in dem Film *Meuterei auf der Bounty* erhält der gefeierte Schauspieler Marlon Brando 1,25 Millionen Dollar. Später knackt er mit seiner Rolle in *Superman* auch die 3-Millionen-Dollar-Marke. Ein weiterer Brando-Klassiker, *Der Pate*, rückt 2005 in das Interesse von *Guinness World Records*, als das Drehbuch des Schauspielers im Londoner Auktionshaus Christie's für 312 800 Dollar (258 683 Euro) unter den Hammer kommt und damit **das teuerste Filmdrehbuch** aller Zeiten wird.

1963

Jüngster Solokünstler auf Platz 1 der US-Charts

Wunderkind Stevie Wonder (USA) ist erst 13 Jahre und 3 Monate alt, als sein Album *Recorded Live: The 12 Year Old Genius* die US-amerikanischen Album-Charts anführt. Den Plattenvertrag mit Motown Records hat er bereits als 11-Jähriger unterschrieben. Im Laufe seiner Karriere nimmt er 22 Grammys entgegen – mehr als irgendein Solopopkünstler sonst –, und 1996 erhält er mit gerade einmal 46 Jahren einen Grammy für sein Lebenswerk.

1964

Landgeschwindig-keitsrekord

Donald Campbell (GB) stellt am 17. Juli mit dem Düsenauto *Bluebird* einen neuen Landgeschwindigkeitsrekord auf und tritt damit in die Fußstapfen seines Vaters Malcolm, der selbst diverse Rekorde brach. Trotz der feuchten Fahrbahn auf dem Salzbett des südaustralischen Eyre-Sees erreicht Campbell im Durchschnitt 648,73 km/h.

Neben seinem Erfolg an Land stellt er zudem am 31. Dezember 1964 seinen Geschwindigkeitsrekord zu Wasser auf. Mit durschnittlich 444,71 km/h schnellt er in dem Rennboot *Bluebird K7* über den Lake Dumbleyung im westaustralischen Perth. Bis heute ist Campbell der Einzige, der im selben Jahr den Geschwindigkeitsrekord zu Land und zu Wasser gebrochen hat.

Derzeitiger Rekordhalter zu Land ist das *Thrust SSC*, das 1997 seine Siegesfahrt antrat (S. 90–91).

1965

Erster Weltraumspaziergang

Nachdem die Sowjetunion mit dem **ersten Satelliten im All** (*Sputnik 1*, 1957) und dem **ersten Menschen im All** (Yuri Gagarin, 1961; siehe S. 24–25) bereits zwei Rekorde aufgestellt hat, gelingt ihr 1965 ein weiterer Durchbruch. Kosmonaut Alexei Leonow (UdSSR) führt am 18. März den ersten Außenbordeinsatz oder auch Weltraumspaziergang durch und verbringt 12 Minuten und 9 Sekunden außerhalb der *Woschod 2*.

Der Einsatz ist zwar ein Erfolg, verläuft jedoch nicht ganz reibungslos. Als Leonow in die Druckschleuse zurückzukehren will, hat sich sein Raumanzug so stark aufgebläht, dass er weder Arme noch Beine beugen kann. Um wieder an Bord zu gelangen, muss er zunächst etwas Sauerstoff aus dem Anzug ablassen. Der Weltraumspaziergang ist ein anstrengendes Unterfangen, infolge dessen Leonow einen Hitzschlag erleidet.

Der erste Außenbordeinsatz eines US-amerikanischen Astronauten wird am 3. Juni 1965 von Edward White auf der *Gemini 4*-Mission durchgeführt. Auch er hat Probleme: Bei der Rückkehr ins Raumschiff lässt sich die Einstiegsluke nur schwer schließen. Für seine Leistung erhält White die Distinguished Service Medal der NASA.

Schnellster düsenbetriebener Zug

Ausgestattet mit zwei J47-GE-19-Triebwerken erreicht der M-497 *Black Beetle* zwischen Butler, Indiana und Stryker, Ohio (USA), eine Geschwindigkeit von 296 km/h. Der im Betriebshof Collinwood in Cleveland, Ohio, hergestellte Prototyp besteht aus einem Dieseltriebwagen des Typs Budd RDC-3, den die New York Central Railroad zur Verfügung stellt, und zwei Turbojets, die für den Langstreckenbomber *Convair B-36 Peacemaker* konstruiert wurden. Jeder Turbojet generiert einen Schub von ca. 23 kN (5200 lb).

Das Triebwerk fand auch in dem Rennwagen *Spirit of America* des US-Amerikaners Craig Breedlove Verwendung, der 1963 der Schnellste zu Lande war. Donald Campbell und dessen *Bluebird* überboten dies zwar schon im Jahr darauf (S. 28–29), aber Breedloves Wagen war als **erster auf beiden Etappen eines zweiteiligen Rennens schneller als 400 mph**.

1966

1967

Erster Geldautomat

Am 27. Juni wird in der Barclays Bank im britischen Enfield, Middlesex, der erste Geldautomat aufgestellt. Gegen Wertschecks kann man dort 10-Pfund-Scheine abheben. Erster Kunde ist der Schauspieler Reg Varney, den seine Rolle in der britischen Sitcom *On the Buses* bekannt machte.

1968

Weitester Sprung

Der Leichtathlet Robert »Bob« Beamon (USA) springt bei der Olympiade in Mexiko-Stadt 8,90 m, was 55 cm weiter als die bisherige Bestleistung ist. Damit wird er der Erste und Einzige, der bei Olympia einen Rekord im Weitsprung aufstellt.

Für Beamon ist es die Krönung einer fantastischen Saison, in der er 22 von 23 Wettkämpfen gewinnt. Er hält seinen Rekord bis 1991, als sein Landsmann Mike Powell bei den Leichtathletikweltmeisterschaften in Tokio (Japan) 8,95 m im Weitsprung schafft.

1969

Erste Menschen auf dem Mond

Am 21. Juli um 02:56 Uhr und 15 Sekunden GMT betreten die NASA-Astronauten Neil Armstrong und Edwin »Buzz« Aldrin Jr. (beide USA) als erste Menschen den Mond. Insgesamt zweieinhalb Stunden verbringen sie auf der Oberfläche, während ihr Kollege Michael Collins (USA) in der Kommandokapsel den Mond umkreist. Sie sind die ersten von nur zwölf Menschen, die bisher dort waren. Die **letzte Person auf dem Mond** war Eugene Cernan (USA) im Jahr 1972.

Die 19

GUINNESS BOOK of RECORDS
Guinness book of reco
GUINNESS BOOK OF RECORDS
GUINNESS BOOK OF RECORDS

70er

GUINNESS BOOK OF RECORDS
GUINNESS BOOK of RECORDS
GUINNESS BOOK OF RECORDS

1970

Fußballer mit den meisten WM-Siegen

Nachdem er bereits 1958 und 1962 zur Siegermannschaft gehörte, darf Fußballlegende Pelé (Brasilien) als einziger Fußballer weltweit ein drittes Mal den WM-Pokal der FIFA hochheben. Mit 17 Jahren und 239 Tagen ist er auch der **jüngste Torschütze einer WM**, als er am 19. Juni 1958 ein Tor gegen Wales erzielt. Neun Tage später wird er der **jüngste Endspielteilnehmer einer WM**.

1971

Erste E-Mail

Ray Tomlinson (USA) verschickt die erste E-Mail und läutet damit eine neue Ära der Kommunikation ein. Auf die Frage nach dem Inhalt der Nachricht sagt er später: »Die Testnachrichten waren völlig nichtssagend, deshalb habe ich sie vergessen.«

Tomlinson spielt eine Schlüsselrolle bei der Entwicklung des ARPANET (Advanced Research Projects Agency Network), eines Vorläufers des Internets. Die E-Mail wird zunächst nur als Kommunikationsmittel für die Mitarbeiter des ARPARNET betrachtet – vor allem für jene, die nicht immer an ihr Telefon gehen!

Zu dem heute weltbekannten @-Symbol, das Tomlinson einführte, sagt er: »Ich habe @ benutzt, um zu verdeutlichen, dass der Benutzer gerade ›bei‹ (engl. ›at‹) einem anderen Host war.«

1972

Erstes erfolgreiches Arcade-Spiel

Die Atari-Gründer Nolan Bushnell (Foto) und Ted Dabney (beide USA) produzieren *Pong*, das Spiel, das einen wahren Arcade-Hype auslöst. Mit zwei »Schlägern«, einem Punkt als Ball und einer gestrichelten Linie als Netz erinnert es an Tischtennis, ist hochgradig süchtig machend und verkauft sich als Spielautomat über 35000 Mal. Der **erste *Pong*-Münzautomat** wird in Andy Capp's Tavern in Sunnyvale, Kalifornien, aufgestellt, und binnen kürzester Zeit

kehren die Ortsansässigen den traditionellen Jukeboxen und Flipperautomaten den Rücken. Von Anfang an ist den Erfindern klar, dass sie hier einen Kassenschlager haben.

Drei Jahre später macht das wegweisende Spiel einen weiteren Sprung, als *Home Pong*, eine Konsole mit Drehknopfcontrollern, auf den Markt kommt. Von nun an kann es auf dem heimischen Fernseher gespielt werden.

1973

Erstes Handy-Telefonat

Martin Cooper (USA), Entwicklungschef bei Motorola, führt am 3. April das revolutionäre Telefonat mit Joel Engel (USA), seinem Konkurrenten bei Bell Labs. Er benutzt das Handy, während er durch New York City läuft, und kassiert dafür so manchen verwunderten Blick!

Aus dem Prototypen wird schließlich auch das **erste käuflich erwerbbare** Handy, das DynaTAC 8000X nämlich, das 1983 auf den Markt kommt. Es wiegt stolze 785 g und misst 300 × 44 × 89 mm, weshalb es von seinen Erfindern auch liebevoll »Ziegelstein« genannt wird.

1974

Schnellster Transatlantikflug

Am 1. September machen Major James V. Sullivan und Major Noel F. Widdifield von der US Air Force Geschichte, als sie mit einer Lockheed SR-71A *Blackbird* den schnellsten Flug über den Atlantik absolvieren. Ihre Durchschnittsgeschwindigkeit während des 1 Stunde, 54 Minuten und 56,4 Sekunden langen Flugs von New York nach London beträgt Mach 3,2

(etwa 2908,02 km/h). Eine neue *Blackbird*, die SR-72, soll es bald auf Mach 6 (etwa 5800 km/h) bringen. Mit diesem Tempo könnte man in unter einer Stunde von London nach New York fliegen.

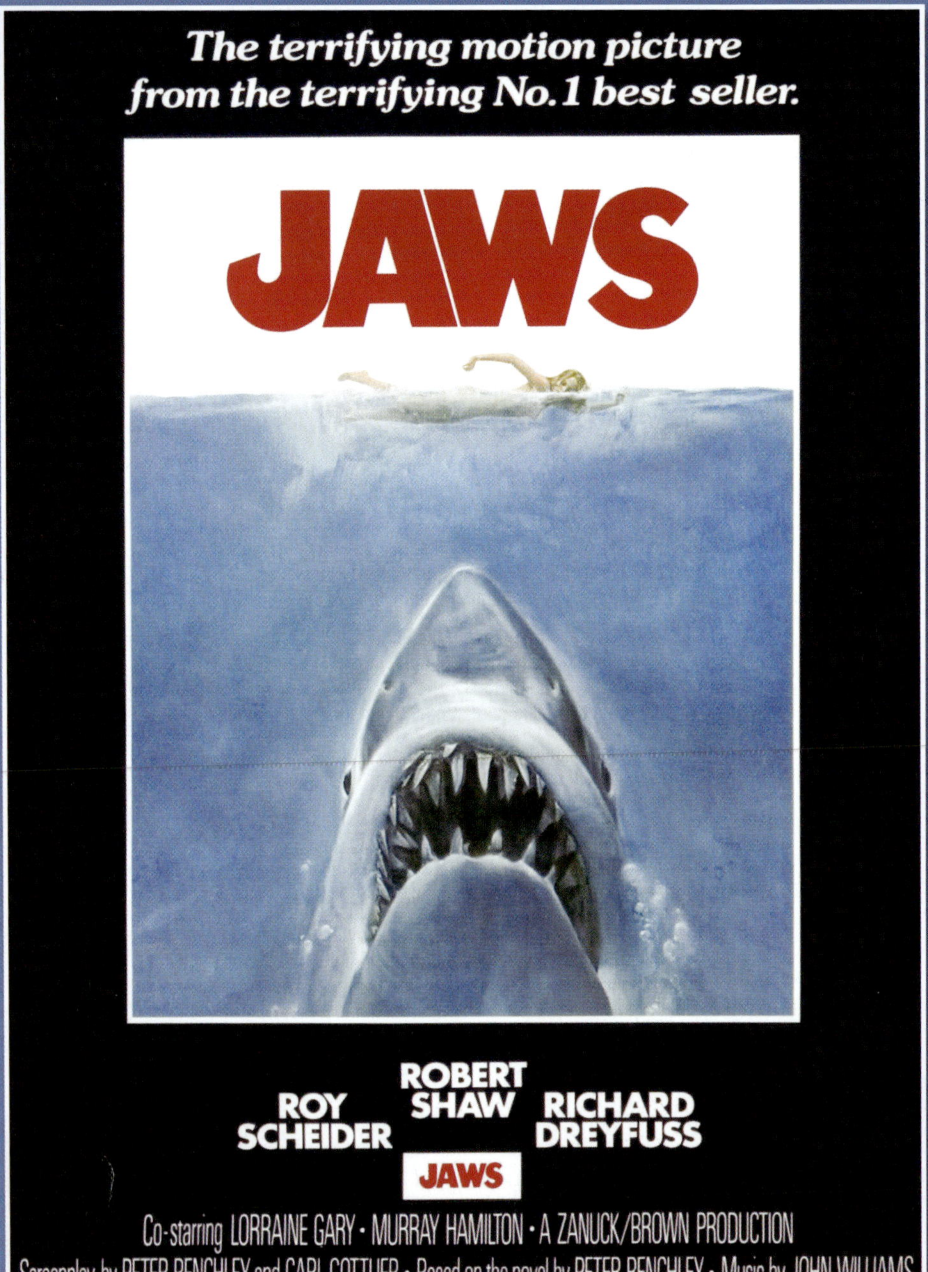
The terrifying motion picture
from the terrifying No.1 best seller.
JAWS
ROY SCHEIDER
ROBERT SHAW
RICHARD DREYFUSS
JAWS
Co-starring LORRAINE GARY · MURRAY HAMILTON · A ZANUCK/BROWN PRODUCTION
Screenplay by PETER BENCHLEY and CARL GOTTLIEB · Based on the novel by PETER BENCHLEY · Music by JOHN WILLIAMS
Directed by STEVEN SPIELBERG · Produced by RICHARD D. ZANUCK and DAVID BROWN · A UNIVERSAL PICTURE ·
TECHNICOLOR® PANAVISION®
PG PARENTAL GUIDANCE SUGGESTED SOME MATERIAL MAY NOT BE SUITABLE FOR PRE-TEENAGERS
ORIGINAL SOUNDTRACK AVAILABLE ON MCA RECORDS & TAPES
...MAY BE TOO INTENSE FOR YOUNGER CHILDREN

1975

Erster Sommer-Blockbuster

Der weiße Hai gibt am 20. Juni sein Debüt auf zahlreichen Leinwänden in den USA und Kanada und wird in diesem Sommer der erste Kinofilm, der 200 Millionen Dollar einspielt. Eine Zeit lang ist der Horrorfilmklassiker, bei dem Steven Spielberg Regie geführt hat, der **erfolgreichste Film aller Zeiten**, bis er 1978 von *Star Wars* eingeholt wird (mehr dazu auf S. 50–51).

Spielberg führt noch bei vielen weiteren Blockbustern Regie, darunter *Unheimliche Begegnung der dritten Art* (1977), *Jurassic Park* (1993) und *Der Soldat James Ryan* (1998), die alle dazu beitragen, ihn zum **bestverdienenden Filmregisseur** zu machen. Dem Wirtschaftsmagazin *Forbes* zufolge beträgt Spielbergs geschätztes Vermögen zwischen 2012 und 2013 etwa 100 Millionen Dollar (75 Millionen Euro).

1976

Erste Gymnasiastin mit vollen 10 Punkten bei Olympia

Bei den Olympischen Spielen in Montreal (Kanada) erhält Nadia Comăneci (Rumänien) am 18. Juli für ihr Programm am Stufenbarren im Mannschaftswettbewerb die volle Punktzahl.

Nach ihr schaffen nur zwei weitere Frauen eine glatte 10,0: Mary Lou Retton (USA) im Jahr 1984 und Daniela Silviaş (Rumänien) im Jahr 1988. Aufgrund von Änderungen, die der internationale Turnerbund 2006 am Bewertungssystem vornimmt – von nun an gibt es je nach Wettbewerb und Schwierigkeitsstufe unterschiedliche Noten –, kann niemand mehr Nadias Punktzahl erreichen.

1977

Erfolgreichster Science-Fiction-Film

Am 25. Mai zieht *Star Wars* mit seinen außerirdischen Kreaturen und intergalaktischen Schießereien zum ersten Mal in die Kinos ein. Der Film erhält später den Titel *Star Wars: Episode IV – Eine neue Hoffnung*, und als Gesamtpaket inklusive Fortsetzung und Vorgeschichte spielt der Blockbuster weltweit mehr als 4,55 Milliarden Dollar an den Kinokassen ein.

Ebenso beeindruckend ist der Umsatz, den das Leinwandcomeback 1997 erzielt. Am Wochenende vom 31. Januar werden in den US-amerikanischen Kinos mit *Eine neue Hoffnung* insgesamt 35 906 661 Dollar eingenommen, und so wird es das **gewinnbringendste Eröffnungswochenende eines Kino-Re-Releases**.

Auch vorerst scheint der Erfolg von *Star Wars* nicht abzuebben. Im Dezember 2015 soll die lang ersehnte *Episode VII* in die Kinos kommen, und auch jenseits der Filmbranche bricht das erfolgreiche Merchandising zahlreiche Rekorde.

1978

Schwerste Zwillinge

Nach einem offiziellen Wiegen im November werden die Wrestler Billy und Benny McCrary alias die McGuire-Zwillinge aus Hendersonville, North Carolina (USA), zu den schwersten Zwillingen der Welt erklärt. Ihr Gewicht beträgt 337 bzw. 328 kg und ihr Hüftumfang jeweils 2,13 m.

Hier sind die begeisterten Motorradfahrer auf einem 4830-km-Trip zwischen New York und

Los Angeles zu sehen. Unterwegs auf ihren Minimotorrädern begegnen die Brüder dem Wrestling-Coach Gory Guerrero, der sie später trainiert. In der Wrestling-Szene erlangen sie weltweiten Ruhm durch ihr sogenanntes »Tupelo Splash«-Manöver, mit dem sie zahllose Kämpfe für sich entscheiden. Dabei springt ein Zwilling in die Luft und landet mit dem Bauch auf seinem Gegner!

Tragischerweise stirbt Billy mit nur 32 Jahren an den Verletzungen, die er sich 1979 bei einem Minimotorrad-Stunt zugezogen hat. Benny lebt bis 2001 und wird 54 Jahre alt.

1979

Erfolgreichster Songwriter in den britischen Charts

Mit 129 Songs in den britischen Charts, für deren Komposition er ganz oder zum Teil verantwortlich ist, kann Paul McCartney (GB) die **Beteiligung an den meisten Songs in den britischen Single-Charts** für sich beanspruchen. Sage und schreibe 91 seiner Singles erreichen die Top 10 und 33 davon landen auf Platz 1. Hier sieht man ihn mit seiner Frau Linda auf einer Dinnerparty im Londoner Les Ambassadeurs Club, die ihm zu Ehren am 24. Oktober von *Guinness World Records* veranstaltet wurde.

McCartney hält auch eine Reihe anderer Rekorde und gab u.a. 2005 das **erste Livekonzert, das ins Weltall übertragen wurde**, ist mitverantwortlich für den **ersten James-Bond-Titelsong, der für den Oscar nominiert wurde** (»Live and Let Die« mit seiner Band Wings, 1973), und erhielt **die meisten online gestellten Fragen** (während eines 30-minütigen Livechats im Jahr 1997 stellten ihm Fans mehr als 3 Millionen Fragen).

Und dabei sind noch nicht einmal die über 20 Rekorde berücksichtigt, die McCartney »with a little help from his friends«, den Beatles, aufgestellt hat ...

GUINNESS
BOOK OF
RECORDS
Honours
Paul McCartney

Die 19

1983 EDITION
GUINNESS BOOK OF RECORDS
THE GUINNESS BOOK OF RECORDS
WITH AUSTRALIAN SUPPLEMENT
1987
THE GUINNESS BOOK OF RECORDS
1985
GUINNESS
OUT OF THIS WORLD
THE GUINNESS BOOK OF RECORDS
WITH AUSTRALIAN SUPPLEMENT
1987

80er

OUT OF THIS WORLD
GUINNESS BOOK OF RECORDS
THE GUINNESS BOOK OF RECORDS 1985
1980 EDITION
1983 EDITION
THE GUINNESS BOOK OF RECORDS 1988
THE GUINNESS BOOK OF RECORDS
GUINNESS BOOK OF RECORDS
1980 EDITION
GUINNESS
THE GUINNESS

1980

Erste Gipfelbesteigung im Alleingang

Fast 30 Jahre nachdem Edmund Hillary (Neuseeland) und Tenzing Norgay (Indien/Tibet) 1953 als Erste den höchsten Gipfel der Welt erklommen haben, besteigt der italienische Abenteurer Reinhold Messner den Mount Everest als Erster im Alleingang. Später räumt er ein, dies sei die schwierigste Expedition gewesen, die er je unternommen habe: »Ich hatte konstant Todesangst; nie im Leben war ich so erschöpft wie auf der Everest-Besteigung. Ich saß nur da, habe nichts mehr wahrgenommen ... Mir war klar, dass ich physisch am Ende war.«

Nachdem er die schwierige Aufgabe schon zwei Jahre zuvor mit Peter Habeler bewältigt hat, absolviert er seine Solo-Besteigung vom 6500 m hohen Basislager aus in drei Tagen. Am erstaunlichsten aber ist, dass ihm beide Besteigungen ohne Sauerstoffgerät glücken. Da er in den Dolomiten aufgewachsen ist und als Jugendlicher seinen Vater bei vielen schwierigen Gipfelbesteigungen begleitet hat, ist er von klein auf daran gewöhnt, in extremen Höhen zurechtzukommen. Messner unternimmt viele weitere Expeditionen zu den höchsten Gipfeln der Welt sowie in extreme Terrains, wie die Antarktis und die Wüste Gobi.

1981

Erster Flug eines Space Shuttles

Vom 12. bis zum 14. April absolviert die von der NASA konstruierte Raumfähre *Columbia* ihren Jungfernflug. Die Mission mit der offiziellen Bezeichnung STS-1 stellt den Startschuss für 27 erfolgreiche Einsätze der *Columbia* dar. Alles in allem werden fünf Space Shuttles gebaut (die Nachfolger der *Columbia* heißen *Challenger*, *Discovery*, *Atlantis* und *Endeavour*), die bis 2011 insgesamt 135 Missionen fliegen. Die Einsatzzeit dieser emsigen Weltraumtransporter beträgt zusammengenommen 1322 Tage, 19 Stunden, 21 Minuten und 23 Sekunden.

Als **erste wiederverwendbare Raumfahrzeuge** übernehmen die Space Shuttles im Laufe ihrer Karriere jede nur erdenkliche Funktion: Sie bringen Satelliten ins All und wieder zurück, dienen als Transportmittel für Astronauten und Nutzlast. Außerdem helfen sie bei dem zehn Jahre langen Aufbau des **größten künstlichen Satelliten**, der *Internationalen Raumstation.*

Als die *Columbia* am 1. Februar 2003 gegen Ende ihrer 28. Mission wieder in die Erdatmosphäre eintritt, bricht sie tragischerweise auseinander, wobei alle sieben Besatzungsmitglieder ums Leben kommen.

1982

Erste Weltumrundung via Nord- und Südpol

Sir Ranulph Fiennes und Charles Burton (beide GB) vollenden am 29. August die **erste Weltumrundung auf dem Landweg über beide geografische Pole**. Ihre »British Trans-Globe Expedition« beginnt am 2. September 1979 in Greenwich, London (GB), führt sie am 15. Dezember 1980 über den Südpol, am 10. April 1982 über den Nordpol und schließlich zurück nach Greenwich, wo sie ihre unglaubliche 56000 km lange Reise beenden.

1983

Aktivster Vulkan

Auf Big Island, der südlichsten Insel von Hawaii (USA), schießt am 3. Januar Lava aus einem Spalt des Schildvulkans Kilauea. Der Vulkan speit bis zu 5 m^3 Lava pro Sekunde, und der Ausbruch hält bis zum heutigen Tag an.

Von den vielen Vulkanen, aus denen der Archipel besteht, ist der Kilauea der jüngste. Die Inselkette befindet sich über einem sogenannten Hotspot in der Erdkruste und verdankt der hohen geothermalen Aktivität dieser Region ihre Existenz. Hawaii verzeichnet noch eine ganze Reihe anderer Rekorde und verfügt u. a. über den **größten aktiven Vulkan** (Mauna Loa, einen Nachbarn des Kilauea) und die **längste Lavaröhre**, die 59,3 km lange Kazumura Cave, die sich im Kilauea befindet.

Michael Jackson
Thriller

1984

Meistverkauftes Album

Für *Thriller* erhält Michael Jackson (USA) acht Grammys, u.a. in den Kategorien Album of the Year und Record of the Year (für die Single »Beat It«). Die Scheibe wird zum **meistverkauften Album aller Zeiten**.

Der »King of Pop« steht von nun an regelmäßig im *Guinness World Records*-Buch. Er bekommt zahlreiche Zertifikate, u.a. für die **längste Zeitspanne in den Top 40 der US-amerikanischen Singles** (39 Jahre und 2 Monate), die **meisten Zuschauer bei der Fernsehpremiere eines Musikvideos** (500 Millionen bei »Black or White«) und die **meisten von einem Popstar unterstützten Wohltätigkeitsprojekte** (39).

2006 besucht Jackson den Londoner Hauptsitz von *Guinness World Records* (kleines Bild), um dem Team seinen persönlichen Dank zu übermitteln und die Zertifikate für all seine Weltrekorde entgegenzunehmen. Er bleibt auch weiterhin ein guter Freund von GWR, bis er 2009 im Alter von 50 Jahren verstirbt.

NIKE
1
MILLION
TO GO

1985

Bestzeit für 1 Million Taps

Roy Castle (GB, 1932–1994), der von 1972 bis 1993 Moderator der BBC-Sendung *Record Breakers* war, stellt selbst einen Rekord auf, indem er in der *Guinness World of Records*-Ausstellung in Piccadilly, London (GB), 23 Stunden und 44 Minuten lang steppt.

Roy scheint es zu gefallen, in die Welt des Rekordbrechens einzutauchen. Zusammen mit 592 anderen Tänzern holt er sich später den Titel der **größten Tanzgruppe** (mittlerweile überboten), und 1990 steht er 3 Stunden und 23 Minuten auf der Doppeldeckertragfläche einer Boeing Stearman, während diese von London nach Paris fliegt. Damit absolviert er den **längsten Wingwalk** – eine Leistung, die ihm bisher noch niemand nachgemacht hat.

1986

Größter Monstertruck

Bob Chandler aus St. Louis (USA), der als Vater der Monstertrucks gilt, präsentiert im Sommer seinen *Bigfoot 5* (Bild von 2006). Mit atemberaubenden 4,7 m lässt *Bigfoot 5* jeden anderen 4×4 wie einen Winzling erscheinen. Allein die gigantischen Räder haben eine Höhe von 3 m und das Gewicht des überdimensionalen Trucks beträgt 17 200 kg.

Motiviert durch seine Begeisterung für Geländewagen und mit der Absicht, den Kunden seines 4×4-Autohauses das Potenzial von Allradfahrzeugen zu demonstrieren, ist dies bereits der fünfte Pick-up, den Chandler baut. Für jedes neue Mitglied der *Bigfoot*-Familie werden nur allerneuste Technologien, beste Materialien und innovative Designs verwendet, damit sie auch weiterhin die Welt der Monstertrucks anführen. Mittlerweile umfasst der Fuhrpark 20 Trucks. Nr. 21 befindet sich gerade im Bau, doch Nr. 5 ist nach wie vor der größte von allen.

1987

Erste Atlantiküberquerung im Heißluftballon

Am 2. Juli treten Richard Branson (GB) und der Pilot Per Lindstrand (Schweden) in Sugarloaf, Maine (USA), ihren wagemutigen transatlantischen Heißluftballonflug mit dem eigens dafür gebauten *Virgin Atlantic Flyer* an. Nachdem sie innerhalb von 31 Stunden und 41 Minuten 4947 km zurückgelegt haben, treffen sie am nächsten Tag in Limavady in der Grafschaft Londonderry (GB) ein.

Vier Jahre später heben die beiden erneut ab, und zwar im *Virgin Otsuka Pacific Flyer*, einem wahren Koloss von einem Ballon, dessen Hüllenvolumen 73 600 m^3 umfasst. Branson und Lindstrand fliegen von Japan zum Lac la Matre im kanadischen Yukon und absolvieren damit die **erste Pazifiküberquerung im Heißluftballon**. Sie sind 46 Stunden und 15 Minuten unterwegs und erreichen Geschwindigkeiten von mehr als 320 km/h.

1988

Ältester Mensch

Am 11. Januar wird die Französin Jeanne Calment, geboren am 21. Februar 1875, der **älteste lebende Mensch**.

Im Alter von 112 Jahren (Foto von 1995) führt sie ihre Langlebigkeit auf eine Reihe verschiedener Faktoren zurück, angefangen bei ihren Genen und regelmäßiger körperlicher Ertüchtigung bis hin zu ihrer Gewohnheit, sich die Haut mit Olivenöl einzureiben. Gleichwohl ist sie jedoch ein Fan von Schokolade und war den Großteil ihres Lebens Raucherin.

Zwei Jahre später wird Calment im Alter von 114 Jahren die **älteste Schauspielerin aller Zeiten**, als sie sich selbst in dem Film *Vincent and Me* von 1990 spielt. Sie gilt als letzter lebender Mensch, der dem berühmten niederländischen Künstler Vincent van Gogh, der Titelfigur des Films, begegnet ist.

Unglaublicherweise lebt sie danach noch bis 1997 und erreicht das hohe Alter von 122 Jahren und 164 Tagen, was sie zum **ältesten Menschen aller Zeiten** macht.

TETRIS™
PUSH START
© 1989 Nintendo
Hatris™

1989

Erfolgreichstes Puzzle-Videospiel

Tetris, ein experimentelles Videospiel, das 1984 von Alexei Paschitnow (UdSSR/Russland) auf einem Elektronika-60-Rechner programmiert wurde, erscheint für den Nintendo Game Boy und löst einen wahren Puzzle-Hype aus. Im Laufe seiner 30-jährigen Erfolgsgeschichte verkauft sich das Spiel mehr als 30,26 Millionen Mal, wodurch es zum **meistverkauften Puzzle-Videospiel aller Zeiten** wird, und bricht zudem noch so manch anderen Rekord. Es ist z.B. das **erste Videospiel, das im Weltall gespielt wurde**, und mit 65 Versionen, die auf den verschiedensten Systemen laufen, auch das **kompatibelste Videospiel**.

Die 19

1991
1992
GUINNESS
THE GUINNESS
1990
BOOK OF
RECORDS
THE GUINNESS BOOK OF RECORDS
GUINNESS BOOK OF RECORDS 1991
WORLD BEST SELLER
The New Guinness Book of Records 1995
1996
1994
THE
GUINNESS

90er

1994
THE GUINNESS BOOK OF RECORDS 1992
GUINNESS RECORDS 1993
GUINNESS
WORLD BEST SELLER
THE GUINNESS BOOK OF RECORDS
1994
THE GUINNESS BOOK OF RECORDS
THE GUINNESS 1990 BOOK OF RECORDS

1990

Erster Hypertext-Browser

Während seiner Tätigkeit am Europäischen Labor für Teilchenphysik bei Genf (CH) erstellt der Informatiker Tim Berners-Lee (GB) den ersten Hypertext-Browser, der ein Jahr später zum »WorldWideWeb« (WWW) wird. Im Oktober 1990 hat er die Kernkomponenten des weltweiten Netzwerks formuliert, die heute noch in Gebrauch sind: HTML, URL, HTTP.

Das WWW war zunächst zwar nur als forschungsinternes Medium zum raschen Informationsaustausch gedacht, doch Berners-Lee erkennt schnell das weit über die akademische Gemeinde hinausreichende Potenzial.

Heute ist das Web fest in unseren Alltag integriert. Wir nutzen es zum Lesen von Nachrichten, zur Kommunikation mit Freunden, zum Einkaufen, für Musik und Filme – und sogar, um neue Rekorde anzumelden!

1991

Schnellster 100-Meter-Lauf

Bei den Leichtathletikweltmeisterschaften in Tokio (Japan) läuft der 30-jährige Carl Lewis (USA) die 100 Meter in einer Rekordzeit von 9,86 Sekunden – heute ist Usain Bolt der Schnellste auf dieser Distanz (siehe S. 112–113). Bolt und Lewis können zudem beide die **meisten olympischen Siege auf 100 m** für sich beanspruchen. Jeder von ihnen holte zwei Mal Gold.

Höchstes Kartenhaus

Bryan Berg (USA) baut in Spirit Lake, Iowa, ein 75-stöckiges Kartenhaus, das 4,42 m hoch ist. Diesen Rekord wird er später noch neun Mal verbessern. Seinen bisher größten Erfolg hat er 2007 mit einem 7,86 m hohen Turm aus Karten!

1992

1993

Erster bionischer Arm

Der schottische Hotelbesitzer Campbell Aird wird mit einer hochmodernen Prothese ausgestattet, die ein Team aus fünf Bioingenieuren am Margaret Rose Hospital in Edinburgh (GB) konstruiert hat. Das Kunstglied stellt einen großen Fortschritt auf dem Gebiet dar, da es von einem komplexen Netzwerk aus topaktuellen elektrischen Motoren, Gangschaltungen und Mikrochips betrieben wird. Es bietet seinem Benutzer weitaus natürlichere Bewegungsabläufe als jede Prothese zuvor und wird von elektrischen Impulsen direkt aus Airds Gehirn gesteuert.

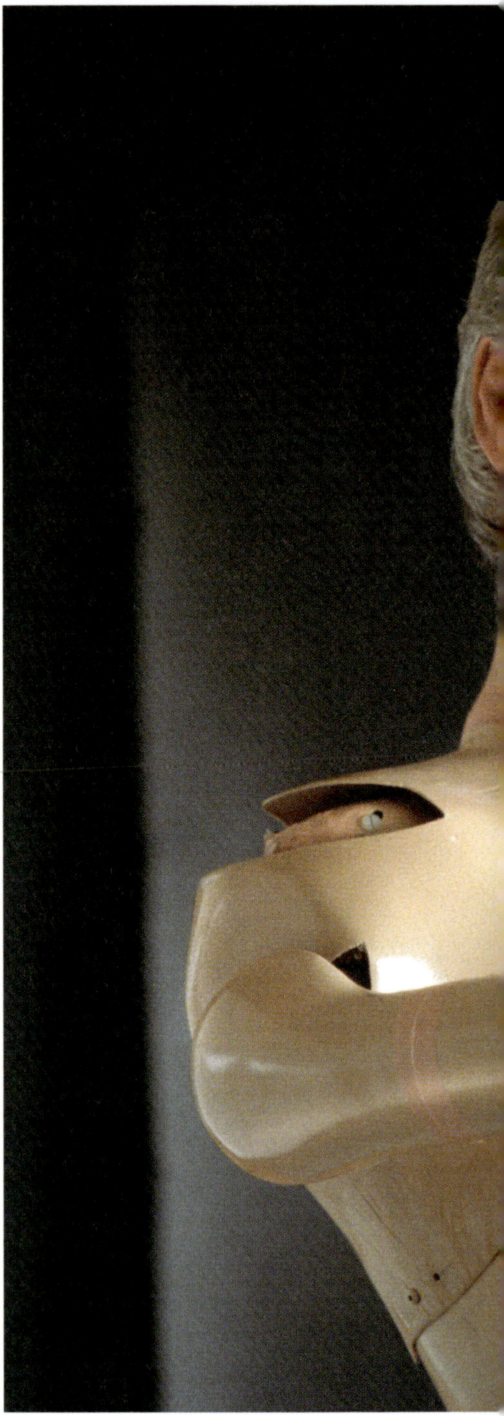

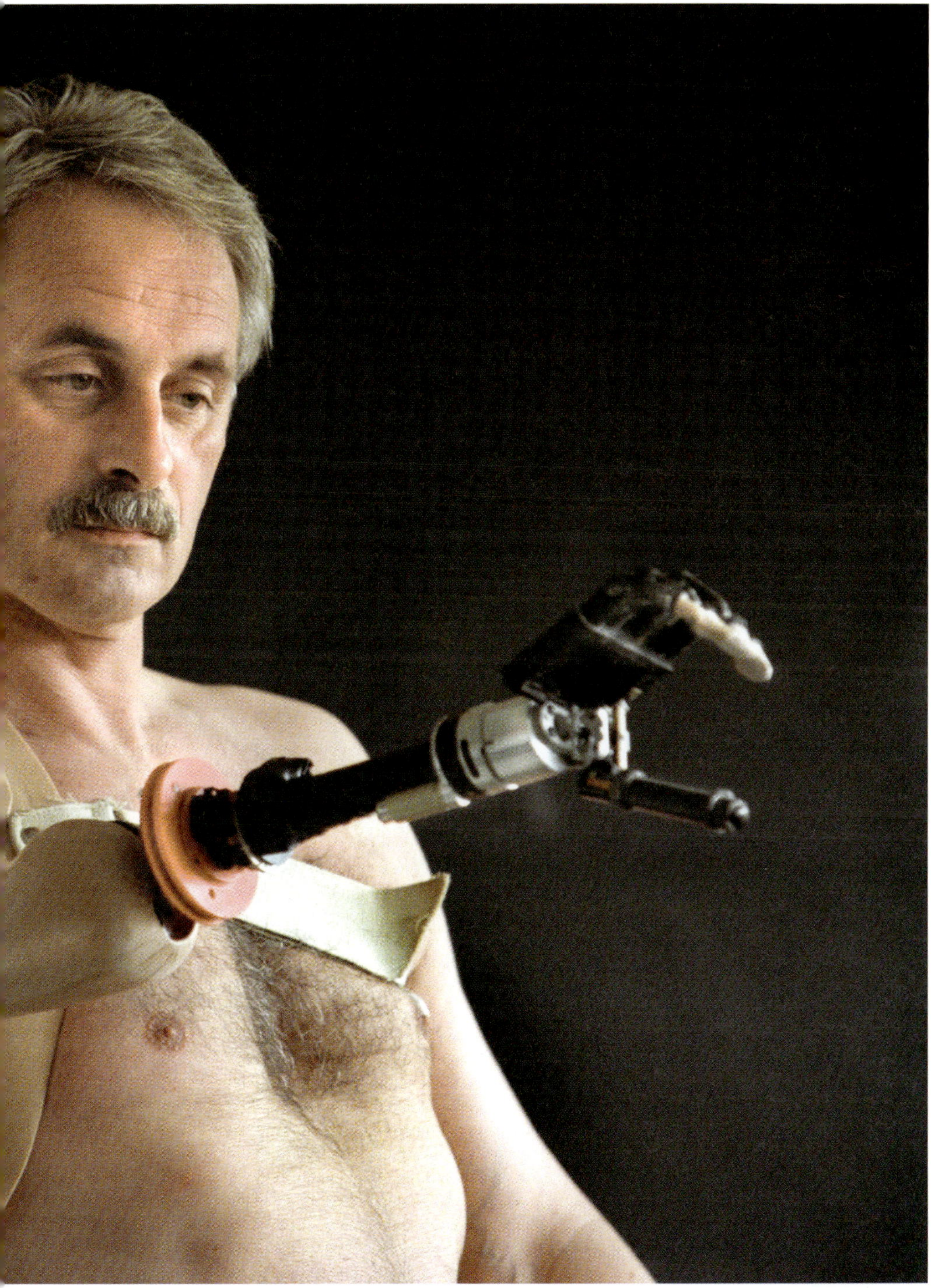

GB

1994

Meiste Burpees pro Stunde

Am 4. Februar führt Paddy Doyle (GB) innerhalb von 60 Minuten 1840 sogenannte Burpees aus. Bei dieser Übung geht man aus dem Stand in die Hocke, stützt sich mit den Händen auf dem Boden ab, streckt die Beine nach hinten aus, kommt zurück in die Hocke und wieder in den Stand. Der amerikanische Physiologe Royal Burpee entwickelte sie als Teil eines Fitnesstests.

Ausdauerrekorde sind für den superfitten Doyle nichts Neues. Er kann sich unzählige Bestleistungen auf die Fahne schreiben, darunter die **meisten Vollkontakt-Kicks pro Stunde** (5750), die **meisten Liegestütze innerhalb von 12 Stunden** (19 325), die **meisten Kniebeugen pro Minute mit 100 Pfund Gewicht** (38) und **der schnellste Querfeldein-Marathon mit 40 Pfund Gewicht** (6 Stunden, 28 Minuten, 22 Sekunden).

1995

Kältester bekannter Ort in der Milchstraße

Mit Hilfe des Submillimeter-Radioteleskops im Observatorium La Silla, Chile, machen Astronomen den kühlsten Punkt in unserer Galaxie ausfindig. Der Bumerangnebel, eine Wolke aus Staub und Gasen, die etwa 5000 Lichtjahre von der Erde entfernt liegt, hat eine Temperatur von −272 °C, was nur geringfügig wärmer als der absolute Nullpunkt (−273,15 °C) ist.

Schnellster Passagierflug über den Atlantik

Am 7. Februar braucht eine *Concorde* der British Airways für die 6035 km von New York nach London nur 2 Stunden, 52 Minuten und 59 Sekunden. Die von Leslie Scott (GB) gesteuerte Maschine fliegt im Durchschnitt 2010 km/h.

Dieses Wunder der Technik ist nach dem Vorbild von Überschallversuchsflugzeugen wie der *Fairey Delta 2* (siehe S. 14–15) gebaut und kann 100 Passagiere aufnehmen. Bis 2003 transportiert es ca. 2,5 Milliarden Menschen. Bei einem Überschallflug kann das Flugzeug um bis zu 25 cm länger werden, weshalb eine spezielle Farbe entwickelt wird, die der Ausdehnung wie auch der Wärmeentwicklung standhält. Mangels finanzieller Mittel wird das Flugzeug 2003 aus dem Verkehr gezogen. Dies schreiben viele dem Rückgang ihrer Beliebtheit nach dem verunglückten Air-France-Flug 4590 im Jahr 2000 zu.

1996

1997

Landgeschwindigkeits-rekord

Die offiziell höchste auf einer Meile gemessene Geschwindigkeit (auch bekannt als Landgeschwindigkeitsrekord) wird am 15. Oktober von dem Rennauto *Thrust SSC* erreicht, das Andy Green in der Black-Rock-Wüste in Nevada (USA) auf bisher ungeschlagene 1227,985 km/h (Mach 1,02) bringt.

Neben Projektleiter Richard Noble gehört Green, ein professioneller Kampfflieger, zu den Hauptakteuren des Teams, das derzeit am *Bloodhound SSC* arbeitet. Mit Green am Steuer soll dieses neue Überschallauto im Hakskeen Pan, einem ausgetrockneten See in Südafrika, die 1600-km/h-Marke knacken. Für 2015 und 2016 sind zwei Versuchsläufe vorgesehen.

CYTEC

1998

Längste Rolltreppenfahrt

Suresh Joachim (Sri Lanka/Kanada) läuft vom 25. bis zum 31. Mai 225,4 km auf den Rolltreppen im Westfield Shopping Centre von Burwood, New South Wales (Australien).

Darüber hinaus stellt er Rekorde wie das **längste Schaukelstuhlschaukeln** (75 Stunden, 3 Minuten) und die **längste auf allen Vieren zurückgelegte Distanz** (56,62 km) auf.

1999

Längstes Auto

Mit 30,5 m und 26 Rädern ist die *American Dream*, gebaut von Jay Ohrberg aus Burbank in Kalifornien (USA), die längste Stretchlimo der Welt. Sie hat ein Kingsize-Wasserbett, einen Helikopterlandeplatz und sogar einen Swimmingpool mit Sprungbrett und kann entweder ausgestreckt (wie auf dem Foto) oder mit beweglichem Mittelteil gefahren werden.

Der längste Wagen der Welt ist zwar eine von Ohrbergs Meisterleistungen, doch er hat noch jede Menge anderer toller Autos gebaut, daher sein Spitzname »King of the Show Cars«. Seine einzigartigen Fahrzeuge treten sogar in Filmen wie *Batmans Rückkehr*, *RoboCop*, *Zurück in die Zukunft* und der Fernsehserie *Knight Rider* auf.

Neben den beeindruckenden Autos für Hollywood, mit denen er sein Geld verdient, hat Ohrberg über 500 experimentelle Modelle wie die *Pink Panther Limo,* das *Bathtub Car* und natürlich die *American Dream* gebaut. Er hofft, seine unglaublichen Fahrzeuge eines Tages in einem Museum ausstellen zu können.

Die 20

GUINNESS WORLD RECORDS 2009
GUINNESS WORLD RECORDS 2000
GUINNESS WORLD RECORDS
2007
GLOW-IN-THE-DARK
GUINNESS WORLD RECORDS 2006
2007

00er

GUINNESS WORLD RECORDS
GUINNESS WORLD RECORDS
GUINNESS WORLD RECORDS
HUNDREDS OF NEW RECORDS INSIDE
GUINNESS WORLD RECORDS 2008
GUINNESS WORLD RECORDS 2009
GUINNESS WORLD RECORDS 2000
GUINNESS

2000

Größte Zwergen- und Wichtelsammlung

Große Sammlungen gehören seit dem Jahrtausendwechsel zu den beliebtesten Kategorien von *Guinness World Records*. Hier sieht man Ann Atkin (GB), umgeben von ihren 2010 Zwergen und Wichteln. Sie bricht diesen Rekord später selbst, und der letzten Zählung nach umfasst

ihre Sammlung 2042 Figuren. Sie alle stehen im »Zwergenreservat«, einem 1,6 Hektar großen Buchenwaldgelände, das 25000 Besucher pro Jahr anzieht. Falls Sie auch einmal dort vorbeischauen möchten, machen Sie sich darauf gefasst, am Eingang eine rote Zipfelmütze ausgehändigt zu bekommen – »um die Zwerge nicht in Verlegenheit zu bringen!« Atkins Lieblingsfigur ist ein Zwerg namens Siegfried, den sie 1978 selbst modellierte.

2001

Erste Solo-Weltumsegelung

Am 11. Februar beendet Ellen MacArthur (GB) ihre Solo-Weltumsegelung mit der Jacht *Kingfisher*. In einer Rekordzeit von 94 Tagen, 4 Stunden, 25 Minuten und 40 Sekunden hat sie 38 600 km zurückgelegt. Für diese Leistung erhält sie ihren ersten *Guinness World Records*-Titel wie auch den britischen Verdienstorden (MBE).

2005 verbessert sich MacArthur und umsegelt mit ihrem Trimaran *B & Q* in nur 71 Tagen, 14 Stunden und 33 Sekunden von Ushant (F) aus erneut die Welt. Dafür wird sie zur Ritterin geschlagen und erhält den französischen Verdienstorden *Légion d'Honneur*. 2008 wird Ritterin Ellen zwar mit sagenhaften 14 Tagen von Francis Joyon (F) übertrumpft, doch sie ist nach wie vor die **schnellste Frau, die jemals die Welt umsegelt hat**.

2002

Größte Schildkröte aller Zeiten

Die Welt trauert um Goliath, eine Galápagos-Riesenschildkröte, die im Tierschutzgebiet Life Fellowship Bird Sanctuary im kalifornischen Seffner (USA) lebte. Sie war 135,8 cm lang 102 cm breit, wog beeindruckende 417 kg und war damit die größte Schildkröte der Welt.

Galápagos-Riesenschildkröten sind für ihre Langlebigkeit bekannt. Ein in Gefangenschaft lebendes Exemplar soll 152 Jahre alt geworden sein, manche glauben sogar, noch älter.

Die größte Population dieser gefährdeten Reptilien lebt heute auf der Insel Isabela. Die Inselgruppe hat ihren Namen von ihnen, denn »galápago« ist Spanisch für »Schildkröte«.

2003

Schnellste Marathonläuferin

Am 13. April läuft Paula Radcliffe (GB) den London Marathon in 2 Stunden, 15 Minuten und 25 Sekunden. Als sie merkt, dass sie kurz vor einer Bestleistung steht, sprintet sie die letzten 800 m in 2 Minuten und 25 Sekunden. Ihr glückt auch der **schnellste Chicago Marathon** (2 Stunden, 17 Minuten, 18 Sekunden) und der **schnellste 10-km-Straßenlauf** (30 Minuten, 21 Sekunden) in San Juan.

Landgeschwindigkeitsrekord auf dem Mars

Die beiden NASA-Raumsonden *Spirit* und *Opportunity* landen am 4. bzw. 25. Januar auf dem roten Planeten. Jede von ihnen erreicht eine Höchstgeschwindigkeit von 5 cm/s, was ihnen den Landgeschwindigkeitsrekord auf dem Mars einbringt.

Nach erfolgreicher Landung erforschen die beiden Rover unglaubliche Phänomene wie z.B. Staubteufel, hydrothermale Aktivitäten und mehrere Meteoriten. 2010 wird die Verbindung zur *Spirit* unterbrochen, doch die *Opportunity* braust noch heute über den Planeten.

2004

2005

Tiefster Flachwassersprung

Darren Taylor (USA), auch bekannt als »Professor Splash«, springt am 22. Oktober aus 10,3 m Höhe in ein Planschbecken mit nur 30 cm Wassertiefe. Er verbessert seinen Rekord noch einige Male und hat erst kürzlich, im September 2014, einen Sprung aus 11,56 m Höhe überlebt!

Um zu beweisen, dass er mehr als nur ein Element beherrscht, absolviert Taylor am 21. Juni 2014 auch den **tiefsten Flachwassersprung ins Feuer**. Dazu springt er aus 8 m Höhe in einen brennenden Swimmingpool.

Es versteht sich von selbst, dass Taylor jahrelange Erfahrung im Flachwasserspringen hat und man so etwas auf keinen Fall zu Hause nachmachen sollte!

2006

Weitester Nonstop-Flug im Flugzeug

Am 8. Februar hebt Steve Fossett (USA) mit dem *Virgin Atlantic GlobalFlyer* vom Kennedy Space Center in Florida (USA) ab und fliegt 42 469,4 km nach Großbritannien. Ursprünglich steuert er den Kent International Airport an, doch aufgrund eines elektrischen Defekts muss er etwa 280 km vorher in Bournemouth, Dorset, landen. Nach 76 Stunden und 45 Minuten ununterbrochenen Fliegens hat er wieder Boden unter den Füßen und den bisher weitesten Nonstop-Flug des Heißluftballons *Breitling Orbiter 3* um 165,4 km übertroffen.

Von den ursprünglich geladenen 8210 kg Treibstoff hat der *GlobalFlyer* am Ende nur noch 90 kg übrig.

Fossett hat nicht zum ersten Mal Geschichte geschrieben. 2002 absolvierte er in nur 13 Tagen, 8 Stunden und 33 Minuten die **schnellste Solo-Weltumrundung im Heißluftballon**, 2004 erreichte er mit 112 km/h die **Höchstgeschwindigkeit eines Zeppelins**, und 2006 meisterte er über Argentinien den **höchsten Flug eines Segelfliegers** (15 460 m).

Tragischerweise verunglückt Fossett 2007 mit dem Flugzeug in der kalifornischen Sierra Nevada, USA, wo er sein nächstes Abenteuer plante und vermutlich Opfer von Fallwinden wurde.

2007

Schnellste Meile auf einem Pogo Stick bei gleichzeitigem Jonglieren mit drei Bällen

Ashrita Furman (USA), der den Rekord für die meisten *Guinness World Records*-Titel hält, erweitert seine Liste am 26. September um eine weitere Bestleistung, als er jonglierend in 23 Minuten und 28 Sekunden eine Meile der New Yorker Brooklyn Promenade auf einem

Pogo Stick zurücklegt, ohne zu stürzen oder auch nur einen Ball zu verlieren (siehe Mitte des Bildes). Furman, wegen der unglaublichen Vielfältigkeit seiner Rekorde auch »Mr. Versatility« genannt, kann am 1. Mai 2014 auf 521 Rekorde zurückblicken, von denen er 182 nach wie vor hält.

Nach seinem ersten Rekord im Jahr 1979 (27 000 Scherensprünge), ging es immer weiter. Wie das Bild zeigt, sind seine Leistungen sehr unterschiedlich und reichen von der **schnellsten Meile auf einem Hüpfball** (13 Minuten) bis hin zur **weitesten Strecke, die ein Baseballschläger auf einem Finger balanciert wurde** (14,48 km).

2008

Längste weibliche Fingernägel

Lee Redmond (USA) stellt in der Fernsehendung *Lo Show dei Record* in Madrid, Spanien, einen neuen Weltrekord auf. Nachdem sie ihre Fingernägel fast 30 Jahre lang hat wachsen lassen, messen sie zusammengenommen 8,64 m. Der längste Nagel an ihrem rechten Daumen bringt es allein auf 90 cm.

Leider verliert Redmond im folgenden Jahr ihre Nägel bei einem Autounfall. Dennoch hält sie weiterhin den Rekord für die **längsten weiblichen Fingernägel aller Zeiten**.

TDK
Bolt
2009

2009

Schnellster 100-Meter-Lauf

Am 16. August, genau ein Jahr nach seiner Goldmedaille bei den Olympischen Spielen in Peking, übertrifft Usain Bolt (Jamaika) seinen eigenen Rekord auf 100 m. Mit einer Zeit von 9,58 Sekunden verbessert er seine persönliche Bestleistung um 0,11 Sekunden und absolviert den schnellsten 100-Meter-Lauf, der jemals gemessen wurde.

Während des Sprints erreicht Usain Bolt eine Höchstgeschwindigkeit von 44,72 km/h. Wissenschaftler schätzen, dass diese maximale Ausgangsleistung etwa 2619,5 Watt entspricht und dass bei dem Lauf 81,58 Kilojoules verbrannt wurden.

Vier Tage später holt sich Bolt bei derselben Leichtathletikweltmeisterschaft auch den Rekord für den **schnellsten 200-Meter-Lauf**, mit einer Zeit von 19,19 Sekunden.

Die 20

EXPLODING WITH
THOUSANDS OF NEW RECORDS
BURSTING WITH
AMAZING NEW RECORDS
DISCOVER A WORLD
OF NEW RECORDS
GUINNESS
WORLD
RECORDS
2014
OFFICIALLY AMAZING
3D
DISCOVER A WORLD
OF NEW RECORDS
INSIDE: ALL-NEW
AUGMENTED REALITY!
GUINNESS
WORLD
RECORDS
2015
GUINNESS
WORLD
RECORDS
2011
GUINNESS
WORLD
RECORDS
2012
GUINNESS
WORLD
RECORDS
2013
OF THE DECADE

10er

GUINNESS WORLD RECORDS 2010
THE BOOK OF THE DECADE
GUINNESS WORLD RECORDS 2011
EXPLODING WITH THOUSANDS OF NEW RECORDS
GUINNESS WORLD RECORDS 2012
BURSTING WITH AMAZING NEW RECORDS
DISCOVER A WORLD OF NEW RECORDS
GUINNESS WORLD RECORDS 2014
OFFICIALLY AMAZING
GUINNESS WORLD RECORDS 2015
INSIDE: ALL-NEW AUGMENTED REALITY!
3D

2010

Höchstes Gebäude

2010 wird der Burj Khalifa (Chalifa-Turm) mit 828 m das höchste Gebäude auf dem Planeten. Er ist mehr als doppelt so hoch wie das Empire State Building und fast dreimal so hoch wie der Eiffelturm. Emaar Properties ist für den Bau verantwortlich, und die offizielle Eröffnung findet am 4. Januar in Dubai (UAE) statt.

Das mächtige Bauwerk kann nicht nur eine Reihe weiterer schwindelerregender Rekorde für sich beanspruchen – z.B. den **längsten Aufzug innerhalb eines Gebäudes** (504 m) und das **höchstgelegenste Restaurant** (441,3 m) –, es dient auch als Ausgangspunkt für viele andere Rekordversuche, darunter den **tiefsten Basejump von einem Gebäude** und die **schnellste Bezwingung des Burj Khalifa auf dem Fahrrad** (2 Stunden, 20 Minuten, 38 Sekunden).

Nichtsdestotrotz wird der monumentale Bau wohl in nicht allzu ferner Zukunft von einem Rivalen im Nahen Osten übertroffen. Der Kingdom Tower, der momentan in Dschidda, Saudi-Arabien, gebaut wird, soll eine Höhe von 1000 m erreichen. Als erster 1 km hoher Wolkenkratzer wird er den Burj Khalifa um 170 m überragen.

2011

Größter lebender Mensch

Am 8. Februar wird bei Sultan Kösen (Türkei) in der türkischen Hauptstadt Ankara eine Körpergröße von 2,51 m gemessen, wodurch sein Status als größter Mensch der Welt bestätigt ist.

Auch seine Hände, die vom Handgelenk bis zur Spitze des Mittelfingers 28,5 cm lang sind, werden zu Rekordbrechern, als man sie offiziell zu den **größten Händen eines lebenden Menschen** erklärt. Ihre Spannweite umfasst 30,48 cm, was etwa der Größe eines Esstellers entspricht!

Trotz seiner beachtlichen Körpermaße ist Kösen immer noch kleiner als Robert Wadlow (USA), der **größte Mensch aller Zeiten**. Wie groß er war, erfahren Sie auf S. 126.

OFF
DUTY
2.50 INITIAL
NYC TAX

2012

Größtes fahrbares Motorrad

Für seinen Rekord legt dieses Riesenmotorrad, das vom Boden bis zum Lenker 5,1 m misst, am 24. März in Montecchio Emilia eine Strecke von 100 m zurück. Es wurde von Fabio Reggiani (I) gebaut und verfügt über Stützräder, um einem Sturz vorzubeugen. Diese wurden jedoch für den Rekordversuch entfernt.

Die mächtigen Ausmaße des Motorrads beschränken sich jedoch nicht auf seine Höhe. Es ist 10 m lang, 2,5 m breit und wiegt etwa 5000 kg. Das Verhältnis zu einem Standardmodell beträgt 6:1, und seinen Antrieb bezieht es von einem 5,7-V8-Motor mit 280 PS. Reggiani kam 2012 während eines Neuseelandaufenthalts auf die Idee zu dem Motorrad. Ursprünglich wollte er den größten stehenden Chopper bauen, doch dann hielt er ein fahrbares Motorrad für noch aufsehenerregender. In nur sechs Monaten stellte er es fertig.

2013

Größte Hündin

Im Oktober wird die Dänische Dogge Morgan (rechts) zur **größten lebenden Hündin** der Welt gekürt, und zu diesem Anlass arrangiert GWR Fotoaufnahmen mit Zeus, dem größten Hund. Es ist die erste Begegnung der beiden sanften Riesen, und sie verstehen sich bestens. Mor-

gan aus Melbourne in Ontario (Kanada) hat eine Schulterhöhe von 98,15 cm, während Zeus aus Michigan (USA) es auf volle 111,8 cm bringt. Ihrer Besitzerin Cathy Payne zufolge hat Morgan ein ruhiges Gemüt, außer wenn es um Eichhörnchen geht, die jagt sie nämlich für ihr Leben gern. Zeus ist ebenso ausgeglichen und wird oft für ein Pony gehalten! Leider stirbt er 2014, doch er ist nach wie vor der **größte Hund aller Zeiten**.

2014

Meistgeteilter Tweet

Das »Selfie« gibt es zwar schon eine ganze Weile, doch 2014 erlebt es einen wahren Boom. Als Beweis dient der Schnappschuss, den die US-amerikanische Fernsehmoderatorin Ellen DeGeneres am 2. März bei den Academy Awards macht und das mit mehr als 1 Millionen Re-Tweets in einer guten Stunde der **am weitesten verbreitete Inhalt in den sozialen Medien** wird, seit Twitter 2006 an den Start ging. Auf dem Foto sind auch eine Reihe erstrangiger Filmstars zu sehen, darunter Channing Tatum, Meryl Streep, Julia Roberts, Jennifer Lawrence, Bradley Cooper, Jared Leto, Kevin Spacey, Brad Pitt, Angelina Jolie, Lupita N'yongo und ihr Bruder Peter N'yongo.

Überdauernde Rekorde

In den letzten 60 Jahren ist viel passiert, doch noch faszinierender sind vielleicht die seltenen Superlative, die nach wie vor Bestand haben. Hier sind die Rekorde, die seit unserer ersten Ausgabe von 1955 nie übertroffen wurden.

Größter Mann aller Zeiten

Der größte Mann in der Geschichte der Medizin ist Robert Pershing Wadlow (USA), der bei seiner letzten Messung am 27. Juni 1940 2,72 m groß war. Wadlow besaß auch die **größten Hände aller Zeiten** – vom Handgelenk bis zur Mittelfingerspitze maßen sie 32,3 cm, und er benötigte Ringgröße 25. Zudem hatte er die **größten Füße aller Zeiten** und trug US-Schuhgröße 37AA, was einer Länge von 47 cm entspricht.

Meistverkaufte Single

»White Christmas« von Bing Crosby (USA, 1903–1977) hat sich seit der Erstveröffentlichung schätzungsweise 50 Millionen Mal verkauft. Der festliche Hit wurde 1940 von Irving Berlin geschrieben, am 29. Mai 1942 in

nur 18 Minuten aufgenommen und das erste Mal in Berlins Musicalfilm *Musik, Musik* mit Fred Astaire und Crosby selbst gespielt.

Reichster Mensch

John D. Rockefellers Vermögen wurde 1913 auf etwa 900 Millionen Dollar geschätzt, was einem heutigen inflationsbereinigten Wert von 189,6 Milliarden Dollar (151,9 Milliarden Euro) entspricht.

Größtes Bürogebäude

Das Pentagon, das für das US-amerikanische Verteidigungsministerium errichtet wurde, ist nach wie vor das größte Bürogebäude der Welt. Unserer ersten Ausgabe zufolge beherbergte es 1955 28 500 Menschen, 2008 fanden darin 31 000 militärische, nichtmilitärische und zivile Angestellte Platz. Jede Außenwand ist 281 m lang, und an seinem breitesten Punkt ist das Pentagon breiter, als das Empire State Building hoch ist. Die Grundfläche umfasst etwa 604 000 m^2.

Erfolgreichster Film

Vom Winde verweht (USA, 1939) spielte damals weltweit 393,4 Millionen Dollar ein. Auf einer inflationsbereinigten Bestenliste führt es mit

einem Umsatz von 3,44 Milliarden Dollar (2,75 Milliarden Euro) alle anderen Filme an. Man stelle sich vor, wie viel Popcorn man dafür kaufen könnte ...

Größter Diamant

Der »Cullinan« ist ein würdiger Abschlussrekord für diesen Jubiläumsband. Er ist der größte ungespaltene Diamant, der je ausgegraben wurde, und bei seinem Fund in der südafrikanischen Premier Diamond Mine wog er 3106,75 Karat. Zwei der über 100 Karat schweren Steine, in die der Rohdiamant gespalten wurde, sind heute Teil der britischen Kronjuwelen, darunter Cullinan I, der *Große Stern von Afrika*.

Editor-in-Chief
Craig Glenday

Senior Managing Editor
Stephen Fall

Project Editor
Adam Millward

Senior Art Editor
Paul Oakley

Design
Jon Addison, Robert Vickers

Picture Editor
Michael Whitty

Deputy Picture Editor
Fran Morales

Talent Researcher
Jenny Langridge

VP Publishing
Jenny Heller

Director of Procurement
Patricia Magill

Publishing Manager
Jane Boatfield

Special thanks to: Neil Fitter, Mike Flynn, Amarilis Whitty

Image credits: Alamy, Corbis, Decca, Drew Gardner / GWR, Getty, John Wright / GWR, Kevin Scott Ramos / GWR, Lucasfilm, NASA / JPL / Cornell University, NOAA, PA, Paul Michael Hughes / GWR, Ranald Mackechnie / GWR, Red Bull, Reuters, Rex, Richard Bradbury / GWR, Ryan Schude/GWR, Sam Christmas / GWR, Topfoto, Universal Pictures, USA

© 2014 GUINNESS WORLD RECORDS LIMITED
No part of this book may be reproduced or transmitted in any form or by any means, electronic, chemical, mechanical, including photography, or used in any information storage or retrieval system without a licence or other permission in writing from the copyright owners.

British Library Cataloguing in Publication Data: a catalogue record for this book is available from the British Library

Atlantik Bücher erscheinen im Hoffmann und Campe Verlag, Hamburg
1. Auflage 2015
Copyright © 2015 by Hoffmann und Campe Verlag, Hamburg
www.hoca.de www.atlantik-verlag.de
Druck und Bindung: GGP Media GmbH, Pößneck
Printed in Germany
ISBN 978-3-455-37810-8

HOFFMANN UND CAMPE

Ein Unternehmen der
GANSKE VERLAGSGRUPPE

GUINNESS WORLD RECORDS™
OFFICIALLY AMAZING

THE JIM PATTISON GROUP

Guinness World Records Limited has a very thorough accreditation system for records verification. However, while every effort is made to ensure accuracy, Guinness World Records Limited cannot be held responsible for any errors contained in this work. Feedback from our readers on any point of accuracy is always welcomed.

Guinness World Records Limited uses both metric and imperial measurements. The sole exceptions are for some scientific data where metric measurements only are universally accepted, and for some sports data. Where a specific date is given, the exchange rate is calculated according to the currency values that were in operation at the time. Where only a year date is given, the exchange rate is calculated from 31 Dec of that year. »1 billion« is taken to mean one thousand million.

Appropriate advice should always be taken when attempting to break or set records. Participants undertake records entirely at their own risk. Guinness World Records Limited has complete discretion over whether or not to include any particular record attempts in any of its publications. Being a Guinness World Records record holder does not guarantee you a place in any Guinness World Records publication.